CORNELIA

NOTIZBUCH CHRISTMAS

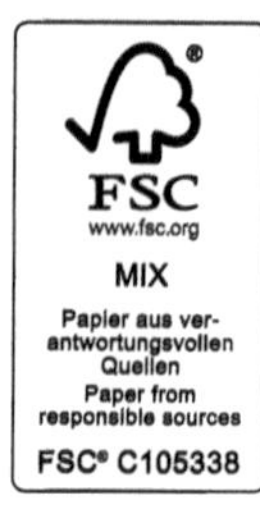

1. Auflage
Bibliografische Information der Deutschen Nationalbibliothek:
Die Deutsche Nationalbibliothek verzeichnet diese Publikation
in der Deutschen Nationalbibliografie; detaillierte
bibliografische Daten sind im Internet über dnb.dnb.de
abrufbar.

© 2022 Cornelia Peitler
Grafikdesign und Grafik-Composings: Cornelia Peitler
Herstellung und Verlag: BoD – Books on Demand, Norderstedt

ISBN: 9783756839599